LES ASTUCES ÉCONOMIQUES POUR TOUS : COMMENT ÉCONOMISER SANS SE PRIVER

NICOLAS MILLARD

Les astuces économiques pour tous: Comment économiser sans se priver

Table des matières

Introduction — 3
   Pourquoi il est important d'économiser de l'argent — 3
   Les avantages de développer de bonnes habitudes financières — 4

Chapitre 1 : Comprendre vos finances — 5
   Créer un budget — 5
   Suivi de vos dépenses — 6
   Identifier les domaines où vous pouvez réduire — 7

Chapitre 2 : Économiser de l'argent sur les dépenses quotidiennes — 8
   Conseils pour l'épicerie — 8
   Réduction des factures de services publics — 9

Les astuces économiques pour tous: Comment économiser sans se priver

    Réduction des frais de transport   11

Chapitre 3 : Stratégies d'achat intelligentes   11

    Éviter les achats impulsifs   11

    Comparer les prix et trouver des offres   12

    Utiliser des coupons et des codes promotionnels   13

Chapitre 4 : Économiser de l'argent sur les gros achats   14

    Acheter d'occasion au lieu de neuf   15

    Négocier les prix   16

    Options de financement à considérer   16

Chapitre 5 : Créer de la richesse en investissant   18

    Comprendre le marché boursier   18

Les astuces économiques pour tous: Comment économiser sans se priver

    Choisir les bons placements pour vos objectifs 19

    Diversifier votre portefeuille 20

Chapitre 6 : Planifier l'avenir **21**

    Épargner pour la retraite 21

    Création d'un fonds d'urgence 22

    Se préparer à des dépenses importantes (par exemple, acheter une maison, payer des études universitaires) 23

Conclusion **24**

    Récapitulatif des stratégies clés pour économiser de l'argent 25

    Encouragement à conserver de bonnes habitudes financières 26

    Réflexions finales sur l'importance de la planification financière. **27**

Introduction

Pourquoi il est important d'économiser de l'argent

Pourquoi il est important d'économiser de l'argent

Ce n'est un secret pour personne qu'économiser de l'argent est une sage décision financière, mais pourquoi est-ce important ? Les avantages d'économiser de l'argent vont au-delà du simple fait d'avoir un compte bancaire plus important. Voici quelques raisons pour lesquelles tout le monde devrait faire de l'épargne une priorité :

1. Fonds d'urgence

Les astuces économiques pour tous: Comment économiser sans se priver

La vie est imprévisible et des dépenses imprévues peuvent survenir à tout moment. En ayant un fonds d'urgence, vous pouvez couvrir ces dépenses sans vous endetter ni utiliser de carte de crédit. Un fonds d'urgence est un élément essentiel de la stabilité financière, et en avoir un peut vous procurer la tranquillité d'esprit.

2. Atteindre les objectifs financiers

Qu'il s'agisse d'acheter une maison, de payer des études universitaires ou de démarrer une entreprise, il est essentiel d'avoir un plan d'épargne pour atteindre des objectifs financiers. En épargnant régulièrement, vous pouvez accumuler les fonds nécessaires pour faire de ces rêves une réalité.

3. Retraite

Les astuces économiques pour tous: Comment économiser sans se priver

Il n'est jamais trop tôt pour commencer à penser à la retraite. En épargnant pour la retraite, vous pouvez vous assurer d'avoir suffisamment d'argent pour vivre confortablement pendant votre âge d'or. Plus tôt vous commencez à épargner, plus votre argent a le temps de fructifier, grâce aux intérêts composés.

4. Éviter les dettes

Économiser de l'argent peut également vous aider à éviter les dettes. En disposant d'un coussin d'épargne, vous n'aurez pas à compter sur des cartes de crédit ou des prêts pour couvrir vos dépenses. Cela peut vous faire économiser de l'argent à long terme en évitant les dettes à taux d'intérêt élevé.

5. Créer une sécurité financière

Économiser de l'argent peut fournir une sécurité financière pour vous et votre famille. En ayant un filet de sécurité d'épargne, vous pouvez affronter des tempêtes financières inattendues et éviter le stress qui accompagne l'instabilité financière.

En conclusion, économiser de l'argent est un élément essentiel du bien-être financier. En donnant la priorité à l'épargne, vous pouvez atteindre vos objectifs financiers, éviter les dettes et créer un sentiment de sécurité pour vous et vos proches. Alors commencez à économiser dès aujourd'hui - votre futur moi vous remerciera !

Les avantages de développer de bonnes habitudes financières

Les avantages de développer de bonnes habitudes financières

Le développement de bonnes habitudes financières peut apporter de nombreux avantages à votre vie. Tout d'abord, cela vous permettra de mieux gérer votre budget et de mieux contrôler vos dépenses. En effet, en ayant une vision claire de vos revenus et de vos dépenses, vous pourrez mieux anticiper les imprévus et éviter les situations de surendettement.

Les astuces économiques pour tous: Comment économiser sans se priver

De plus, en développant de bonnes habitudes financières, vous pourrez épargner plus facilement et plus efficacement. En mettant de l'argent de côté régulièrement, vous pourrez constituer une épargne de précaution pour faire face aux coups durs ou pour réaliser des projets à long terme. Vous pourrez également investir votre argent pour faire fructifier votre capital et ainsi augmenter vos revenus.

Enfin, en adoptant des habitudes financières saines, vous pourrez améliorer votre qualité de vie. En effet, en évitant les dettes et les problèmes financiers, vous pourrez vivre plus sereinement et profiter pleinement de votre argent. Vous pourrez également vous offrir des plaisirs sans culpabiliser, car vous saurez que vous avez les moyens de les financer.

Pour développer de bonnes habitudes financières, il est important de commencer par faire un état des lieux de votre situation financière. Il est nécessaire de connaître vos revenus, vos dépenses et vos dettes pour pouvoir mettre en place un budget réaliste et efficace. Ensuite, vous pourrez adopter des pratiques simples comme le fait de comparer les prix avant d'acheter, de limiter les dépenses superflues ou encore de mettre en place des objectifs d'épargne.

En résumé, développer de bonnes habitudes financières peut vous permettre de mieux gérer votre budget, de constituer une épargne et d'améliorer votre qualité de vie. Pour y parvenir, il est nécessaire de faire un état des lieux de votre situation financière et d'adopter des pratiques simples et efficaces au quotidien.

Chapitre 1 : Comprendre vos finances

Créer un budget

Les astuces économiques pour tous: Comment économiser sans se priver

Créer un budget est l'une des étapes les plus importantes pour économiser de l'argent et maîtriser vos finances personnelles. Cela vous permet de savoir exactement combien vous gagnez, combien vous dépensez et où vous pouvez réduire vos dépenses pour économiser davantage.

La première étape pour créer un budget est de rassembler toutes vos informations financières. Cela peut inclure vos relevés bancaires, vos factures, vos reçus et vos relevés de carte de crédit. Une fois que vous avez tout, vous pouvez commencer à classer vos dépenses en catégories, comme le logement, l'alimentation, les transports, les loisirs, etc.

Ensuite, vous devez déterminer vos revenus mensuels nets. Cela signifie que vous soustrayez toutes les déductions de votre salaire brut. Si vous avez des revenus irréguliers, vous pouvez prendre une moyenne de vos revenus sur plusieurs mois pour avoir une idée plus précise.

Les astuces économiques pour tous: Comment économiser sans se priver

Une fois que vous avez vos revenus et vos dépenses, vous pouvez créer un budget mensuel en soustrayant vos dépenses de vos revenus. S'il reste de l'argent après avoir payé toutes vos dépenses, vous pouvez l'utiliser pour épargner ou rembourser vos dettes.

Si vous constatez que vous dépensez plus que ce que vous gagnez, vous devez trouver des moyens de réduire vos dépenses. Cela peut inclure la recherche de moyens pour économiser sur les factures d'électricité, d'eau et de téléphone, l'achat de marques de distributeur ou la réduction des sorties.

Il est important de réviser régulièrement votre budget pour vous assurer que vous êtes toujours sur la bonne voie. Si vous avez des problèmes pour respecter votre budget, vous pouvez essayer de trouver des moyens pour augmenter vos revenus, comme un travail à temps partiel ou des ventes d'objets que vous n'utilisez plus.

Les astuces économiques pour tous: Comment économiser sans se priver

En conclusion, créer un budget est essentiel pour économiser de l'argent et maîtriser vos finances personnelles. En rassemblant toutes vos informations financières, en classant vos dépenses en catégories et en déterminant vos revenus nets, vous pouvez créer un budget mensuel qui vous permet de garder vos finances en ordre. Si vous avez besoin d'aide pour créer un budget ou pour réduire vos dépenses, il existe de nombreux outils et ressources disponibles en ligne.

Suivi de vos dépenses

Le suivi de vos dépenses est une composante essentielle de la gestion financière. C'est le processus de suivi de vos dépenses pour vous assurer que vous vivez selon vos moyens et évitez les dépenses inutiles. En surveillant vos dépenses, vous pouvez identifier les domaines dans lesquels vous pouvez réduire vos dépenses, apporter les ajustements nécessaires et améliorer votre situation financière.

Les astuces économiques pour tous: Comment économiser sans se priver

L'utilisation d'un budget est l'un des moyens les plus efficaces de contrôler vos dépenses. Un budget est un plan financier qui décrit vos revenus et dépenses pour une période spécifique, généralement un mois. Il vous aide à planifier vos dépenses et à prioriser vos dépenses, afin que vous puissiez éviter les dépenses excessives et rester sur la bonne voie avec vos objectifs financiers.

Pour créer un budget, commencez par répertorier toutes vos sources de revenus, y compris votre salaire, vos revenus d'entreprise et toute autre source de revenus. Ensuite, dressez la liste de toutes vos dépenses, y compris le loyer, les services publics, l'épicerie, le transport, les divertissements et toutes les autres dépenses que vous engagez régulièrement. Vous pouvez utiliser des outils de budgétisation en ligne ou créer une feuille de calcul pour suivre votre budget.

Les astuces économiques pour tous: Comment économiser sans se priver

Une fois votre budget établi, il est essentiel de surveiller régulièrement vos dépenses. Cela vous aidera à identifier les domaines dans lesquels vous dépensez trop et à faire les ajustements nécessaires. Il est également essentiel de revoir régulièrement votre budget et d'apporter les modifications nécessaires à mesure que votre situation évolue.

Un autre moyen efficace de contrôler vos dépenses consiste à suivre vos reçus. Cela vous aidera à suivre vos dépenses et à identifier les écarts ou les frais frauduleux. Vous pouvez utiliser un scanner de reçus ou une application pour suivre vos reçus et vos dépenses.

En conclusion, le suivi de vos dépenses est une composante essentielle de la gestion financière. En surveillant vos dépenses, vous pouvez identifier les domaines dans lesquels vous pouvez réduire vos dépenses, apporter les ajustements nécessaires et améliorer votre situation financière. Établissez un budget, faites le suivi de vos reçus et examinez régulièrement vos dépenses pour rester sur la bonne voie avec vos objectifs financiers.

Les astuces économiques pour tous: Comment économiser sans se priver

Identifier les domaines où vous pouvez réduire

Identifier les domaines où vous pouvez réduire

Lorsque vous cherchez à économiser de l'argent, la première étape est d'identifier les domaines où vous pouvez réduire vos dépenses. Il est important de prendre le temps de passer en revue vos finances et de voir où vous dépensez votre argent.

Le premier domaine à examiner est votre budget alimentaire. Vous pouvez économiser de l'argent en achetant des produits en vrac, en achetant des marques de distributeur ou en préparant vos repas à la maison plutôt que de manger au restaurant.

Le deuxième domaine à considérer est votre budget de transport. Si vous utilisez votre voiture pour vous rendre au travail, vous pouvez économiser de l'argent en carpooling ou en utilisant les transports en commun. Vous pouvez également économiser de l'argent en achetant une voiture d'occasion plutôt qu'une voiture neuve.

Les astuces économiques pour tous: Comment économiser sans se priver

Le troisième domaine à examiner est votre budget de divertissement. Vous pouvez économiser de l'argent en utilisant des coupons ou en cherchant des offres spéciales pour les sorties au cinéma, les concerts ou les événements sportifs.

Le quatrième domaine à considérer est votre budget de vêtements. Vous pouvez économiser de l'argent en achetant des articles en solde ou en utilisant des coupons pour les magasins de vêtements.

Le cinquième domaine à examiner est votre budget de logement. Vous pouvez économiser de l'argent en cherchant un logement moins cher ou en partageant un appartement avec des colocataires.

Enfin, vous pouvez économiser de l'argent en réduisant votre consommation d'énergie à la maison. Vous pouvez économiser de l'argent en éteignant les lumières lorsque vous quittez une pièce, en réduisant la température du chauffage ou en utilisant des appareils économes en énergie.

En résumé, en identifiant les domaines où vous pouvez réduire vos dépenses, vous pouvez économiser de l'argent sans vous priver. Il est important de passer en revue vos finances régulièrement pour trouver des moyens de réduire vos dépenses et d'optimiser votre budget.

Chapitre 2 : Économiser de l'argent sur les dépenses quotidiennes

Conseils pour l'épicerie

La liste d'épicerie hebdomadaire est l'un des éléments de base de la plupart des ménages. Cependant, les courses peuvent rapidement devenir un cauchemar si vous ne savez pas comment économiser de l'argent et faire des choix judicieux. Voici certains conseils pour vous aider à économiser de l'argent tout en faisant vos courses.

1. Établissez un budget pour vos courses

Les astuces économiques pour tous: Comment économiser sans se priver

La première étape pour économiser de l'argent en faisant vos courses est de définir un budget. Déterminez le montant que vous êtes prêt à dépenser chaque semaine ou chaque mois pour vos courses et respectez ce budget. Cela vous aidera à éviter les achats impulsifs et à vous concentrer sur les produits dont vous avez vraiment besoin.

2. Planifiez vos repas à l'avance

La planification des repas à l'avance est un autre moyen efficace d'économiser de l'argent sur vos courses. En planifiant vos repas pour la semaine, vous pouvez acheter uniquement les ingrédients dont vous avez besoin et éviter les achats impulsifs. Cela vous permet également de mieux gérer votre temps en cuisine.

3. Faites une liste d'épicerie

Les astuces économiques pour tous: Comment économiser sans se priver

Faire une liste d'épicerie est essentiel pour économiser de l'argent. En écrivant les produits dont vous avez besoin, vous pouvez éviter les achats impulsifs et vous concentrer sur les produits essentiels. De plus, cela vous permettra de gagner du temps en magasin.

4. Comparez les prix

Comparez les prix des produits avant de les acheter. Vous pouvez trouver des produits similaires à des prix différents dans différents magasins. N'hésitez pas à comparer les prix et à choisir le magasin qui propose les meilleurs prix.

5. Recherchez les offres promotionnelles

Les offres promotionnelles peuvent vous aider à économiser de l'argent sur vos courses. Recherchez les offres spéciales et les réductions pour les produits que vous achetez régulièrement. Vous pouvez également utiliser des coupons pour économiser de l'argent.

Les astuces économiques pour tous: Comment économiser sans se priver

6. Achetez des produits en gros

Acheter des produits en gros peut également vous aider à économiser de l'argent. Les produits en gros sont souvent moins chers que les produits vendus à l'unité. Cependant, assurez-vous d'acheter uniquement les produits que vous utilisez régulièrement pour éviter le gaspillage.

En suivant ces conseils simples, vous pouvez économiser de l'argent sur vos courses et profiter d'une alimentation saine et équilibrée sans vous priver.

Réduction des factures de services publics

Réduction des factures de services publics

Les factures de services publics, notamment celles liées à l'eau, l'électricité, le gaz, la téléphonie et internet, peuvent représenter une part importante du budget mensuel d'un foyer. Cependant, il existe des astuces simples et efficaces pour réduire ces factures sans pour autant se priver.

Les astuces économiques pour tous: Comment économiser sans se priver

1. Comparer les offres des fournisseurs

La première astuce consiste à comparer les offres proposées par les différents fournisseurs. Il est possible de trouver des offres moins chères pour l'électricité, le gaz, la téléphonie et internet en comparant les tarifs sur internet. Il est également possible de renégocier son contrat avec son fournisseur actuel. Il est important de vérifier si les offres proposées sont adaptées à la consommation réelle du foyer.

2. Réduire sa consommation d'eau et d'électricité

La deuxième astuce consiste à réduire sa consommation d'eau et d'électricité. Il est possible d'installer des économiseurs d'eau sur les robinets, des pommeaux de douche économes en eau et des chasses d'eau à double commande pour réduire la consommation d'eau. Pour réduire la consommation d'électricité, il est possible d'éteindre les appareils en veille, d'installer des ampoules LED et de ne pas laisser les appareils électriques allumés inutilement.

Les astuces économiques pour tous: Comment économiser sans se priver

3. Utiliser des comparateurs de forfaits mobiles

La troisième astuce consiste à utiliser des comparateurs de forfaits mobiles pour trouver des offres moins chères. Les forfaits mobiles proposés par les opérateurs peuvent être coûteux pour les personnes qui utilisent peu leur téléphone portable. Il est possible de trouver des offres moins chères en comparant les tarifs sur internet.

4. Changer de fournisseur d'accès internet

La quatrième astuce consiste à changer de fournisseur d'accès internet pour trouver des offres moins chères. Il est possible de trouver des offres moins chères en comparant les tarifs sur internet. Il est important de vérifier si les offres proposées sont adaptées à la consommation réelle du foyer.

Les astuces économiques pour tous: Comment économiser sans se priver

En suivant ces astuces simples, il est possible de réduire significativement les factures de services publics sans pour autant se priver. Il est important de comparer les offres, de réduire sa consommation d'eau et d'électricité, d'utiliser des comparateurs de forfaits mobiles et de changer de fournisseur d'accès internet pour trouver des offres moins chères.

Réduction des frais de transport

Réduction des frais de transport

Les frais de transport peuvent représenter une part importante de notre budget mensuel. Cependant, il existe de nombreuses astuces simples pour réduire ces coûts.

Tout d'abord, pensez à utiliser les transports en commun. Les abonnements mensuels peuvent sembler coûteux, mais ils sont souvent rentables si vous les utilisez régulièrement. De plus, cela vous évite les frais de stationnement et les embouteillages.

Les astuces économiques pour tous: Comment économiser sans se priver

Si vous devez utiliser votre voiture, pensez à la partager avec des collègues ou des amis qui se rendent dans la même direction que vous. Cela réduira considérablement vos coûts de carburant et d'entretien de votre voiture.

Vous pouvez également opter pour des modes de transport plus écologiques, tels que le vélo ou la marche. Si cela est possible, cela vous permettra d'économiser de l'argent tout en étant plus actif physiquement.

Enfin, pensez à utiliser des applications de covoiturage telles que BlaBlaCar. Cela vous permettra de partager les frais de transport avec d'autres personnes qui se rendent dans la même direction que vous. De plus, cela peut être une excellente occasion de rencontrer de nouvelles personnes.

En résumé, il existe de nombreuses astuces simples pour réduire les frais de transport. Pensez à utiliser les transports en commun, à partager votre voiture avec des collègues ou des amis, à opter pour des modes de transport plus écologiques et à utiliser des applications de covoiturage. En appliquant ces astuces, vous pourrez économiser de l'argent tout en contribuant à la protection de l'environnement.

Chapitre 3 : Stratégies d'achat intelligentes

Éviter les achats impulsifs

Lorsque vous faites des achats impulsifs, vous dépensez de l'argent sans vraiment réfléchir aux conséquences. Ces achats peuvent sembler agréables sur le moment, mais ils peuvent rapidement devenir un fardeau financier. Heureusement, il existe des moyens d'éviter les achats impulsifs et de prendre le contrôle de vos finances.

Les astuces économiques pour tous: Comment économiser sans se priver

La première étape pour éviter les achats impulsifs est de comprendre pourquoi vous les faites. Est-ce parce que vous êtes stressé ou ennuyé? Est-ce parce que vous voulez impressionner quelqu'un d'autre? En identifiant la raison derrière vos achats impulsifs, vous pouvez commencer à trouver des moyens plus sains de faire face à ces émotions.

Une autre astuce pour éviter les achats impulsifs est de faire une liste de courses avant de partir faire du shopping. Écrivez ce dont vous avez besoin et tenez-vous-en à la liste. Si vous voyez quelque chose qui n'est pas sur votre liste mais que vous voulez vraiment, prenez le temps de réfléchir à l'achat avant de prendre une décision. Demandez-vous si vous en avez vraiment besoin et si vous pouvez vous le permettre.

Les astuces économiques pour tous: Comment économiser sans se priver

Il est également important de ne pas faire du shopping lorsque vous êtes fatigué ou affamé. Lorsque vous êtes fatigué, vous avez tendance à prendre des décisions impulsives sans vraiment réfléchir aux conséquences. De même, lorsque vous avez faim, vous êtes plus susceptible de prendre des décisions impulsives et de dépenser de l'argent sur des aliments malsains ou coûteux.

Enfin, apprenez à dire non aux ventes et aux promotions qui ne sont pas vraiment des bonnes affaires. Ne vous laissez pas tromper par les étiquettes de prix réduits ou les offres limitées dans le temps. Prenez le temps de comparer les prix et de réfléchir à l'achat avant de prendre une décision.

En suivant ces conseils simples, vous pouvez éviter les achats impulsifs et prendre le contrôle de vos finances. Vous serez en mesure de dépenser votre argent de manière plus réfléchie et de réaliser des économies significatives à long terme.

Comparer les prix et trouver des offres

Comparer les prix et trouver des offres

Les astuces économiques pour tous: Comment économiser sans se priver

Lorsque vous cherchez à économiser de l'argent, il est important de comparer les prix et de trouver des offres avantageuses. Cela peut sembler fastidieux, mais cela peut vous faire économiser beaucoup d'argent à long terme. Voici quelques astuces pour vous aider à comparer les prix et trouver des offres intéressantes.

Tout d'abord, avant d'acheter quoi que ce soit, faites une liste de ce dont vous avez besoin. Cela vous aidera à rester concentré sur l'essentiel et à éviter les achats impulsifs. Ensuite, commencez à faire des recherches en ligne pour comparer les prix des différents produits. Utilisez des sites de comparaison de prix tels que Google Shopping, Kelkoo ou Idealo pour trouver les meilleures offres.

Les astuces économiques pour tous: Comment économiser sans se priver

N'oubliez pas de vérifier les offres promotionnelles et les codes de réduction en ligne avant de finaliser votre achat. De nombreux sites proposent des codes promo pour obtenir des réductions supplémentaires sur vos achats. Recherchez également les programmes de fidélité et les cartes de crédit qui offrent des remises et des points de récompense pour vos achats.

Il est également important de comparer les prix dans les magasins physiques. N'hésitez pas à parcourir plusieurs magasins pour trouver les meilleures offres. N'oubliez pas que les prix peuvent varier considérablement d'un magasin à l'autre, même pour des produits identiques.

Enfin, gardez un œil sur les soldes et les promotions saisonnières. Les périodes de soldes sont une excellente occasion d'obtenir des articles à prix réduit. Les promotions saisonnières, comme les offres de Noël ou les soldes d'été, peuvent également vous faire économiser beaucoup d'argent.

Les astuces économiques pour tous: Comment économiser sans se priver

En résumé, comparer les prix et trouver des offres est une étape importante pour économiser de l'argent. Faites des recherches en ligne, vérifiez les offres promotionnelles, comparez les prix dans les magasins physiques et soyez à l'affût des soldes et des promotions saisonnières. En suivant ces astuces simples, vous pouvez économiser de l'argent sur vos achats sans avoir à vous priver.

Utiliser des coupons et des codes promotionnels

Utiliser des coupons et des codes promotionnels

Lorsque vous faites des achats en ligne ou en magasin, vous pouvez souvent bénéficier d'offres spéciales en utilisant des coupons et des codes promotionnels. Ces offres peuvent vous faire économiser de l'argent sur vos achats, ce qui est particulièrement intéressant pour ceux qui cherchent à économiser de l'argent.

Les astuces économiques pour tous: Comment économiser sans se priver

Les coupons peuvent être trouvés dans les journaux, les magazines et en ligne. Les codes promotionnels, quant à eux, peuvent être trouvés sur les sites web des détaillants ou des marques. Ces codes sont souvent des combinaisons de lettres et de chiffres que vous pouvez entrer lors du processus de commande pour bénéficier d'une réduction sur le prix d'achat.

L'utilisation de coupons et de codes promotionnels est un excellent moyen d'économiser de l'argent sur vos achats. Cependant, il est important de savoir comment les utiliser correctement pour maximiser vos économies.

Tout d'abord, assurez-vous de lire les termes et conditions de chaque coupon ou code promotionnel que vous utilisez. Certains coupons ne sont valables que pour une période limitée, tandis que d'autres peuvent avoir des restrictions sur les produits ou les marques pour lesquels ils peuvent être utilisés.

Les astuces économiques pour tous: Comment économiser sans se priver

De plus, il est important de comparer les offres de plusieurs détaillants pour trouver la meilleure offre possible. Ne vous contentez pas du premier coupon ou code promotionnel que vous trouvez, mais recherchez les meilleures offres pour maximiser vos économies.

Enfin, veillez à ne pas utiliser des coupons ou des codes promotionnels pour acheter des produits que vous n'avez pas besoin. Cela peut sembler évident, mais il est facile de se laisser emporter par une bonne affaire et d'acheter des choses dont vous n'avez pas vraiment besoin.

En conclusion, l'utilisation de coupons et de codes promotionnels est un excellent moyen d'économiser de l'argent sur vos achats. Cependant, il est important de les utiliser correctement pour maximiser vos économies. Recherchez les meilleures offres, lisez les termes et conditions et n'achetez que ce dont vous avez vraiment besoin. Avec ces astuces simples, vous pouvez économiser de l'argent tout en profitant de vos achats.

Chapitre 4 : Économiser de l'argent sur les gros achats

Acheter d'occasion au lieu de neuf

Acheter d'occasion au lieu de neuf

L'achat d'occasion est une stratégie économique intelligente qui peut vous aider à économiser de l'argent tout en réduisant votre impact environnemental. En achetant des articles d'occasion, vous pouvez obtenir des produits de qualité à un prix réduit, tout en évitant les coûts liés à la production et à la distribution de nouveaux produits.

Lorsque vous achetez des articles d'occasion, vous pouvez économiser une somme considérable d'argent. Les objets d'occasion coûtent souvent moins cher que les produits neufs, même s'ils sont en excellent état. Les sites de vente en ligne tels que Leboncoin ou Vinted sont d'excellentes ressources pour trouver des articles d'occasion à des prix abordables.

Les astuces économiques pour tous: Comment économiser sans se priver

En achetant des articles d'occasion, vous pouvez également contribuer à réduire votre empreinte écologique. Les produits d'occasion ne nécessitent pas de nouvelles ressources pour leur production, ce qui peut réduire la quantité de matières premières nécessaires à la production de nouveaux produits. De plus, l'achat d'articles d'occasion peut réduire la quantité de déchets envoyés dans les décharges, ce qui peut contribuer à réduire la pollution de l'environnement.

L'achat d'articles d'occasion peut également être un excellent moyen de trouver des articles uniques et originaux que vous ne trouverez pas dans les magasins traditionnels. Les articles d'occasion peuvent avoir une histoire intéressante et ajouter une touche de personnalité à votre maison ou à votre garde-robe.

Enfin, l'achat d'articles d'occasion peut être une excellente occasion de rencontrer de nouvelles personnes et de développer des relations sociales. Les sites de vente en ligne tels que Leboncoin ou Vinted peuvent vous mettre en contact avec des personnes partageant les mêmes intérêts, et vous pouvez même trouver des amis grâce à vos achats d'occasion.

Les astuces économiques pour tous: Comment économiser sans se priver

En résumé, l'achat d'articles d'occasion est une stratégie économique intelligente qui peut vous aider à économiser de l'argent tout en réduisant votre impact environnemental. Que vous cherchiez des vêtements, des meubles ou des articles de décoration, l'achat d'articles d'occasion peut être une excellente solution pour trouver des produits de qualité à un prix abordable.

Négocier les prix

Négocier les prix est un art qui peut être très utile pour économiser de l'argent. Que ce soit pour acheter une voiture, un appareil électronique ou même pour négocier un salaire, savoir négocier les prix peut faire une grande différence dans votre portefeuille.

La première étape pour négocier les prix est de faire des recherches sur le produit ou le service que vous souhaitez acheter. Vous devez savoir combien coûte le produit ou le service sur le marché pour pouvoir négocier un prix raisonnable. Vous pouvez également utiliser des comparateurs de prix en ligne pour trouver les meilleures offres.

Les astuces économiques pour tous: Comment économiser sans se priver

Une fois que vous avez une idée du prix du produit ou du service que vous souhaitez acheter, il est temps de commencer à négocier. La première chose à faire est de demander au vendeur s'il peut faire une réduction sur le prix affiché. Soyez poli et respectueux, mais ne soyez pas timide pour demander une réduction.

Si le vendeur refuse de vous accorder une réduction, vous pouvez essayer de négocier d'autres avantages, comme une garantie prolongée ou des accessoires gratuits. Soyez créatif et essayez de trouver des avantages qui peuvent vous aider à économiser de l'argent à long terme.

Une autre astuce pour négocier les prix est de jouer la concurrence. Si vous avez trouvé le produit ou le service que vous souhaitez acheter dans plusieurs magasins, vous pouvez utiliser cette information pour négocier un meilleur prix. Dites au vendeur que vous avez trouvé le même produit ou service à un prix inférieur dans un autre magasin et demandez s'il peut s'aligner sur le prix.

Enfin, n'oubliez pas que la négociation est un jeu d'équilibre. Vous devez trouver un compromis entre le prix que vous souhaitez payer et le prix que le vendeur est prêt à accepter. Soyez patient et ne soyez pas trop gourmand dans vos demandes.

En conclusion, négocier les prix est une compétence importante pour économiser de l'argent. Faites vos recherches, soyez poli et respectueux, jouez la concurrence et trouvez un compromis pour obtenir le meilleur prix possible.

Options de financement à considérer

Lorsque l'on veut entreprendre un projet ou réaliser un achat important, il est souvent nécessaire de trouver un financement adapté. De nombreuses options sont disponibles, chacune ayant ses avantages et inconvénients. Voici les principales options de financement à considérer.

Le crédit à la consommation

Les astuces économiques pour tous: Comment économiser sans se priver

Le crédit à la consommation est une option courante pour les achats importants tels que les voitures, les appareils électroménagers ou les meubles. Il est généralement facile à obtenir et peut être remboursé sur une période de plusieurs mois ou années. Cependant, il peut être coûteux en termes d'intérêts et de frais, et le remboursement peut être difficile si les mensualités sont trop élevées.

Le prêt personnel

Le prêt personnel est similaire au crédit à la consommation, mais il est généralement moins coûteux en termes d'intérêts et de frais. Il peut être utilisé pour tout type de projet, mais il peut être plus difficile à obtenir que le crédit à la consommation. Il est remboursé sur une période de plusieurs mois ou années, avec des mensualités fixes.

Le prêt immobilier

Les astuces économiques pour tous: Comment économiser sans se priver

Le prêt immobilier est utilisé pour l'achat d'une maison ou d'un appartement. Il peut être remboursé sur une période de plusieurs années ou décennies, avec des mensualités fixes ou variables. Les taux d'intérêts peuvent varier en fonction du marché et de la durée du prêt. Il est important de bien évaluer sa capacité à rembourser avant de contracter un prêt immobilier.

Le crédit renouvelable

Le crédit renouvelable est une option flexible qui permet d'emprunter de petites sommes d'argent à tout moment. Il est remboursé sur une période de plusieurs mois ou années, avec des mensualités variables. Cependant, il peut être coûteux en termes d'intérêts et de frais, et il peut être facile de se retrouver en situation d'endettement.

Le crowdfunding

Le crowdfunding est une option de financement participatif qui permet à des particuliers de financer un projet en faisant des dons ou en prêtant de l'argent. Cette option est de plus en plus populaire, car elle permet de mobiliser une communauté autour d'un projet et de réduire les coûts de financement.

En conclusion, il est important de bien évaluer ses besoins et sa capacité à rembourser avant de choisir une option de financement. Il est également conseillé de comparer les offres de différents prestataires afin de trouver la meilleure solution pour son projet.

Chapitre 5 : Créer de la richesse en investissant

Comprendre le marché boursier

Comprendre le marché boursier

Les astuces économiques pour tous: Comment économiser sans se priver

Le marché boursier est un concept qui peut sembler complexe à première vue. Cependant, il est essentiel de comprendre son fonctionnement pour mieux gérer ses finances personnelles et investir intelligemment.

Tout d'abord, il est important de savoir que le marché boursier est un lieu où les entreprises peuvent lever des fonds en proposant des actions à des investisseurs. Les investisseurs achètent des actions dans l'espoir de réaliser un profit en revendant ces actions à un prix plus élevé à l'avenir.

Le marché boursier est également influencé par de nombreux facteurs externes tels que la conjoncture économique, les événements politiques et les développements technologiques. Ces facteurs peuvent avoir un impact significatif sur les cours des actions, ce qui peut entraîner des gains ou des pertes pour les investisseurs.

Les astuces économiques pour tous: Comment économiser sans se priver

Pour investir sur le marché boursier, il est important de bien comprendre les risques associés à ce type d'investissement. Il est également nécessaire de diversifier son portefeuille en investissant dans différentes entreprises et secteurs économiques pour réduire les risques.

Enfin, il est important de suivre l'évolution du marché boursier et de s'informer régulièrement sur les tendances et les événements susceptibles d'affecter les cours des actions. Cela permettra aux investisseurs de prendre des décisions éclairées et de maximiser leur potentiel de gains.

En résumé, comprendre le marché boursier est essentiel pour investir intelligemment et gérer efficacement ses finances personnelles. Il est important de se tenir informé des tendances et des événements susceptibles d'affecter le marché, de diversifier son portefeuille et de comprendre les risques associés à ce type d'investissement. Avec une stratégie d'investissement réfléchie, les investisseurs peuvent maximiser leur potentiel de gains et atteindre leurs objectifs financiers à long terme.

Choisir les bons placements pour vos objectifs

Choisir les bons placements pour vos objectifs

Lorsque vous commencez à investir dans des placements financiers, il est important de choisir les bons placements pour vos objectifs. Il existe de nombreuses options de placement disponibles, chacune offrant des avantages et des risques différents. Voici quelques éléments à prendre en compte lors de votre choix de placement.

Déterminez vos objectifs financiers

Avant de choisir un placement, il est important de déterminer vos objectifs financiers. Posez-vous les questions suivantes : Quel est mon horizon de placement ? Quel est mon niveau de tolérance au risque ? Quel est mon objectif de rendement ? Ces questions vous aideront à déterminer le type de placement qui convient le mieux à vos besoins.

Les astuces économiques pour tous: Comment économiser sans se priver

Connaissez les différents types de placement

Il existe plusieurs types de placements, chacun ayant ses caractéristiques propres. Voici quelques exemples :

Les astuces économiques pour tous: Comment économiser sans se priver

- Les actions : Les actions sont des titres de propriété d'une entreprise. Elles offrent un rendement potentiellement élevé, mais également un risque élevé.
- Les obligations : Les obligations sont des prêts que vous faites à une entreprise ou à une entité gouvernementale. Elles offrent un rendement plus faible que les actions, mais présentent également un risque plus faible.
- Les fonds communs de placement : Les fonds communs de placement sont des portefeuilles de titres diversifiés gérés par des professionnels. Ils offrent une diversification et un risque réduit, mais également un rendement potentiellement moins élevé.
- Les fonds négociés en bourse : Les fonds négociés en bourse sont similaires aux fonds communs de placement, mais sont négociés en bourse comme des actions. Ils offrent une diversification et un rendement potentiellement élevé, mais présentent également un risque.

Faites vos recherches

Les astuces économiques pour tous: Comment économiser sans se priver

Avant de choisir un placement, faites vos recherches. Consultez les prospectus des produits, lisez des articles sur le sujet et parlez à des professionnels de l'investissement. Assurez-vous de comprendre les caractéristiques et les risques associés à chaque placement.

En conclusion, choisir les bons placements pour vos objectifs financiers est essentiel pour maximiser vos rendements et minimiser les risques. Déterminez vos objectifs financiers, connaissez les différents types de placement et faites vos recherches avant de prendre une décision d'investissement.

Diversifier votre portefeuille

Diversifier votre portefeuille est une stratégie importante pour tout investisseur. Cela implique de répartir votre argent dans différents types d'investissements afin de réduire les risques et d'optimiser les rendements.

Les astuces économiques pour tous: Comment économiser sans se priver

La diversification est une stratégie courante utilisée par les investisseurs professionnels et les particuliers pour minimiser les risques de perte de capital et maximiser les gains potentiels. En investissant dans une variété d'actifs, vous pouvez réduire les risques associés à un seul type d'investissement ou à une seule entreprise.

Pour diversifier votre portefeuille, vous pouvez investir dans une variété d'actifs, tels que des actions, des obligations, des fonds négociés en bourse (FNB), des fonds communs de placement et des produits dérivés. Vous pouvez également investir dans des marchés internationaux pour diversifier votre portefeuille géographiquement.

Il est important de noter que la diversification ne garantit pas des rendements élevés ou sans risque. Cependant, en répartissant votre investissement dans une variété d'actifs, vous pouvez réduire les risques associés à une seule entreprise ou à un seul secteur.

Il est également important de faire preuve de prudence lors de la diversification de votre portefeuille. Vous devriez éviter de concentrer votre investissement dans un seul secteur ou une seule entreprise, car cela peut augmenter les risques associés à votre portefeuille.

En conclusion, la diversification est une stratégie importante pour tout investisseur. En investissant dans une variété d'actifs, vous pouvez réduire les risques et maximiser les rendements potentiels. Il est important de faire preuve de prudence et de répartir votre investissement de manière équilibrée pour éviter de concentrer les risques dans un seul secteur ou une seule entreprise.

Chapitre 6 : Planifier l'avenir

Épargner pour la retraite

Les astuces économiques pour tous: Comment économiser sans se priver

Épargner pour la retraite est une question cruciale pour tous ceux qui travaillent. Quand on commence à planifier sa retraite, il est important de comprendre à quel point il est important de sauvegarder de l'argent, de sorte que l'on puisse vivre confortablement dans ses vieux jours.

Il y a plusieurs façons d'économiser pour la retraite. L'une des meilleures façons est de commencer à épargner tôt. Plus tôt vous commencez à épargner, plus vous aurez d'argent pour votre retraite. Il est également important de mettre de l'argent de côté régulièrement. Même de petites économies peuvent se traduire par de grandes sommes d'argent sur une longue période.

Un autre moyen d'épargner pour la retraite est d'investir dans des fonds de pension ou des régimes de retraite. Ces types de régimes sont souvent offerts par les employeurs et peuvent être un excellent moyen d'épargner pour la retraite. Les employeurs peuvent également faire des contributions à ces régimes, ce qui peut aider à augmenter votre épargne pour la retraite.

Les astuces économiques pour tous: Comment économiser sans se priver

Il est également important de diversifier vos investissements pour la retraite. Ne mettez pas tous vos œufs dans le même panier. Investissez dans une variété de fonds communs de placement, d'actions et d'obligations pour réduire le risque et maximiser votre rendement.

Il est également important de garder un œil sur vos dépenses. Si vous dépensez trop, il peut être difficile d'économiser pour la retraite. Il est important de réduire les dépenses inutiles et de rester dans son budget pour économiser autant que possible.

Enfin, il peut être utile de consulter un conseiller en investissement pour vous aider à planifier votre retraite. Un conseiller peut vous aider à comprendre les différents types de régimes de retraite et d'investissement, ainsi que les stratégies pour maximiser votre épargne pour la retraite.

En conclusion, épargner pour la retraite est une question cruciale pour tout le monde. En commençant tôt, en mettant de l'argent de côté régulièrement, en investissant dans des régimes de retraite et en diversifiant vos investissements, vous pouvez maximiser votre épargne pour la retraite et vivre confortablement dans vos vieux jours.

Création d'un fonds d'urgence

La création d'un fonds d'urgence est une étape importante pour toute personne souhaitant économiser sans se priver. Ce fonds servira de filet de sécurité en cas de situations imprévues telles que la perte d'un emploi, des frais médicaux inattendus ou des réparations importantes à effectuer à la maison.

Pour créer un fonds d'urgence, il est important de commencer par définir un objectif financier. Combien d'argent devez-vous économiser pour vous sentir en sécurité en cas d'urgence ? Les experts recommandent d'avoir l'équivalent de trois à six mois de dépenses courantes en réserve. Si vous avez du mal à définir ce montant, commencez par économiser une somme d'argent que vous jugez raisonnable et augmentez-la progressivement.

Les astuces économiques pour tous: Comment économiser sans se priver

Une fois que vous avez défini votre objectif financier, vous pouvez commencer à économiser régulièrement. Mettez de côté une petite somme d'argent chaque mois, même si elle est modeste. Si vous pouvez vous permettre de mettre de côté plus d'argent, cela vous permettra d'atteindre votre objectif plus rapidement.

Pour faciliter la création de votre fonds d'urgence, envisagez d'ouvrir un compte d'épargne dédié à cet objectif. Les comptes d'épargne offrent souvent des taux d'intérêt plus élevés que les comptes courants, ce qui signifie que votre argent gagnera plus d'intérêts au fil du temps. De plus, un compte d'épargne séparé vous aidera à résister à la tentation de dépenser cet argent pour autre chose.

Les astuces économiques pour tous: Comment économiser sans se priver

Si vous avez du mal à économiser de l'argent chaque mois, envisagez de réduire vos dépenses. Examinez vos dépenses mensuelles et voyez où vous pourriez réduire vos coûts. Pouvez-vous annuler un abonnement que vous n'utilisez pas ? Pouvez-vous économiser de l'argent sur vos factures d'électricité en éteignant les lumières inutiles ? Chaque petite économie compte.

En fin de compte, la création d'un fonds d'urgence n'est pas une tâche facile, mais c'est un investissement important pour votre avenir financier. En économisant régulièrement et en réduisant vos dépenses, vous pourrez créer un filet de sécurité qui vous protégera en cas d'urgence financière.

Se préparer à des dépenses importantes (par exemple, acheter une maison, payer des études universitaires)

Les astuces économiques pour tous: Comment économiser sans se priver

L'achat d'une maison ou le financement des études supérieures peuvent être des dépenses importantes et coûteuses. Il est donc important de se préparer à ces dépenses pour éviter le stress financier et les dettes à long terme. Voici quelques astuces pour vous aider à économiser de l'argent et à vous préparer à ces grandes dépenses :

1. Établir un budget : La première étape pour se préparer à une grande dépense est de commencer par établir un budget. Cela vous permettra de voir combien d'argent vous pouvez économiser chaque mois et combien vous devez économiser avant de pouvoir effectuer votre achat.

2. Économiser régulièrement : Économiser de l'argent régulièrement est la clé pour se préparer à des dépenses importantes. Fixez-vous un objectif d'économies mensuelles et tenez-vous-y. Vous pouvez également envisager d'automatiser vos économies en configurant des transferts automatiques depuis votre compte courant vers votre compte d'épargne.

Les astuces économiques pour tous: Comment économiser sans se priver

3. Réduire les dépenses inutiles : Pour économiser plus d'argent, vous pouvez également réduire vos dépenses inutiles. Analysez vos dépenses mensuelles et voyez où vous pouvez réduire vos dépenses. Cela peut inclure des choses comme manger à l'extérieur moins souvent, annuler des abonnements que vous n'utilisez pas, ou acheter des marques moins chères.

4. Économiser sur les grosses dépenses : Si vous savez que vous allez bientôt faire une grande dépense, comme l'achat d'une maison ou le financement des études universitaires, vous pouvez économiser sur les grosses dépenses. Cela peut inclure des choses comme économiser sur les factures d'électricité et d'eau, acheter des articles d'occasion plutôt que neufs, ou négocier sur les prix des services.

5. Utiliser des comptes d'épargne à haut rendement : Si vous voulez que votre argent travaille pour vous, envisagez d'utiliser des comptes d'épargne à haut rendement ou des comptes d'épargne à intérêt élevé. Ces comptes offrent des taux d'intérêt plus élevés que les comptes d'épargne traditionnels, ce qui signifie que vous pouvez gagner plus d'argent en économisant.

En suivant ces astuces simples, vous pouvez vous préparer à des dépenses importantes sans vous priver ou vous stresser financièrement. Avec un peu de planification et de diligence, vous pouvez économiser de l'argent et atteindre vos objectifs financiers à long terme.

Conclusion

Récapitulatif des stratégies clés pour économiser de l'argent

Le récapitulatif des stratégies clés pour économiser de l'argent est essentiel pour ceux qui cherchent à améliorer leur situation financière. Les astuces économiques pour tous sont nombreuses, mais il est important de se concentrer sur les stratégies les plus efficaces pour économiser de l'argent.

Les astuces économiques pour tous: Comment économiser sans se priver

La première stratégie consiste à établir un budget. Il est crucial de savoir combien vous gagnez et combien vous dépensez chaque mois. Vous pouvez alors déterminer les postes de dépenses qui peuvent être réduits, voire supprimés. La création d'un budget vous permettra de mieux gérer vos finances et de vous concentrer sur l'épargne.

La deuxième stratégie est de rechercher des offres spéciales et des promotions. De nombreux magasins proposent des réductions sur les produits les plus populaires, ainsi que des offres spéciales pour les clients fidèles. Vous pouvez également utiliser des coupons et des codes de réduction pour économiser de l'argent sur vos achats en ligne.

La troisième stratégie consiste à acheter d'occasion. Les magasins de seconde main et les sites de vente en ligne offrent des produits de qualité à des prix avantageux. Vous pouvez également revendre des objets dont vous n'avez plus besoin pour gagner un peu d'argent supplémentaire.

Les astuces économiques pour tous: Comment économiser sans se priver

La quatrième stratégie consiste à réduire les factures d'énergie. Vous pouvez économiser de l'argent en réduisant votre consommation d'énergie en éteignant les lumières et les appareils électroniques inutilisés, en utilisant des ampoules à faible consommation d'énergie et en isolant votre maison.

La cinquième stratégie est de cuisiner à la maison. Vous pouvez économiser de l'argent en évitant les restaurants et en cuisinant des repas sains et savoureux à la maison. Vous pouvez également acheter des produits alimentaires en vrac pour économiser de l'argent.

En suivant ces stratégies clés pour économiser de l'argent, vous pouvez améliorer votre situation financière et réaliser vos objectifs financiers. Les astuces économiques pour tous sont simples à mettre en pratique, mais elles peuvent avoir un impact significatif sur votre portefeuille. N'oubliez pas de suivre votre budget et de rechercher des offres spéciales pour maximiser vos économies.

Les astuces économiques pour tous: Comment économiser sans se priver

Encouragement à conserver de bonnes habitudes financières

Encouragement à conserver de bonnes habitudes financières

Il est facile de se laisser emporter par les habitudes de consommation et de dépenses, mais il est important de se rappeler que la gestion financière est une compétence essentielle pour réussir dans la vie. Conserver de bonnes habitudes financières peut sembler difficile, mais cela peut être réalisé en suivant quelques astuces simples.

Tout d'abord, il est important de faire un budget. Cela vous permettra de savoir exactement combien vous pouvez dépenser chaque mois sans vous mettre en difficulté financière. Que ce soit pour les dépenses courantes, les loisirs ou les vacances, un budget vous aidera à planifier et à contrôler vos dépenses.

Les astuces économiques pour tous: Comment économiser sans se priver

Ensuite, il est important de faire attention à vos achats. Évitez les achats impulsifs ou les achats inutiles. Avant d'acheter quelque chose, demandez-vous si vous en avez vraiment besoin et si cela rentre dans votre budget. Si ce n'est pas le cas, laissez-le de côté.

Une autre astuce pour conserver de bonnes habitudes financières est de réduire vos dépenses en trouvant des alternatives moins coûteuses. Par exemple, vous pouvez opter pour des marques moins chères ou des produits génériques. Vous pouvez également économiser sur les loisirs en cherchant des activités gratuites ou peu coûteuses.

Enfin, il est important de réfléchir à long terme. Économiser pour l'avenir peut sembler difficile, mais cela peut être réalisé en commençant petit. Économisez un peu chaque mois et investissez dans des comptes d'épargne ou des plans de retraite. Cela vous aidera à atteindre vos objectifs financiers à long terme.

En résumé, il est important de conserver de bonnes habitudes financières pour réussir dans la vie. Faire un budget, faire attention à vos achats, réduire vos dépenses et réfléchir à long terme sont quelques-unes des astuces simples que vous pouvez utiliser pour y parvenir. En gardant ces conseils en tête, vous pourrez économiser sans vous priver et atteindre vos objectifs financiers à long terme.

Réflexions finales sur l'importance de la planification financière.

Le monde actuel est devenu très compétitif et pour réussir, il est important de planifier sa vie financière. La planification financière est une étape cruciale pour atteindre ses objectifs financiers. Elle permet de prendre des décisions éclairées et de mieux gérer son argent pour atteindre ses objectifs à long terme. Dans ce chapitre, nous allons aborder l'importance de la planification financière et les avantages qu'elle peut offrir.

Les astuces économiques pour tous: Comment économiser sans se priver

La planification financière est un processus qui consiste à évaluer votre situation financière actuelle, à déterminer vos objectifs financiers à long terme et à élaborer un plan d'action pour les atteindre. Cela implique de prendre en compte vos revenus, vos dépenses actuelles, vos dettes, vos investissements et vos objectifs financiers futurs. En planifiant votre avenir financier, vous pouvez vous assurer que vous êtes sur la bonne voie pour atteindre vos objectifs, tels que l'achat d'une maison, la retraite ou l'éducation de vos enfants.

La planification financière peut également vous aider à éviter les pièges financiers. En ayant une vision claire de votre situation financière, vous pouvez prendre des décisions éclairées et éviter les erreurs courantes telles que les dettes excessives, les investissements risqués ou les dépenses impulsives. En planifiant efficacement, vous pouvez minimiser les risques financiers et maximiser les opportunités de croissance.

Les astuces économiques pour tous: Comment économiser sans se priver

Enfin, la planification financière peut améliorer votre qualité de vie globale. En sachant que vous avez un plan en place pour atteindre vos objectifs financiers, vous pouvez réduire le stress financier et améliorer votre bien-être mental et émotionnel. Cela peut également vous permettre de profiter davantage de vos loisirs et de vos relations, car vous n'avez pas à vous soucier constamment de votre situation financière.

En conclusion, la planification financière est un élément clé pour atteindre vos objectifs financiers à long terme. En prenant le temps de planifier et de suivre votre plan, vous pouvez minimiser les risques financiers, éviter les pièges courants et améliorer votre qualité de vie globale. Investir dans une planification financière efficace est l'un des meilleurs moyens de garantir un avenir financier stable et prospère.

www.ingramcontent.com/pod-product-compliance
Lightning Source LLC
Chambersburg PA
CBHW031546210526
45464CB00003B/1174